Blankenese

Ein Kleingebirg
aus bunten Muscheln

Blankenese

Michael Zapf

Ellert & Richter Verlag

Inhalt

Blankenese

Hans Leip

Ein Kleingebirg aus bunten Muscheln,
Darüber dick die Wolken kuscheln.
Darunter Flaggen hin und her,
des Stromes Überseeverkehr.

Hoch auf der schlanken Promenade
Haus über Haus das Grüngestade.
Ein kleines Nest, ein großes Bild.
Die Architekten lächeln mild.

Ein Dorf, das wie ein Eden liegt
und sanft nach Grog und Flundern riecht.
Von angenehmen Parks verschönt,
von einer Gastwirtsburg gekrönt.

Die stille Zuflucht – im Vertrauen –
zeitmüder Schlemmer, schöner Frauen.
Der Liebesstrand, das Sonntagsbad,
das Tanzlokal der großen Stadt.

Treppauf, treppab die Winkelgänge,
Schlafpuppengärten, Netzgehänge,
Boot, Abendbank und Fliesenkram,
versponnen, blond und tugendsam.

Solide Wäsche bauscht im Wind,
mit fremden Münzen spielt ein Kind,
ein Junge träumt von großer Fahrt,
ein Alter spinnt in seinen Bart.

Hoch über Baum und Schornsteindach
kommt man zu Atem allgemach.
Es brist herauf so meergeschwellt,
tief unten blitzt die weite Welt.

Der Ruhe weisem Genuss
Inschrift über dem Säuleneingang
des 1792 vollendeten Godeffroy´schen Landhauses,
gebaut von Christian Frederik Hansen

Landhaus Godeffroy im Hirschpark

Das ehemalige Kavaliershaus
wurde in früheren Zeiten als Gästehaus genutzt,
dann bewohnte es der Dichter und Orgelbauer
Hanns Henny Jahnn,
heute ein gastliches Haus zur Einkehr.

Diese Parks haben bei aller Besonderheit
ein Charakteristisches gemeinsam:
Man spürt in ihrer Atmosphäre immer die Nähe des Meeres.
Paul Theodor Hoffmann

„Rhododendronwald" im Hirschpark, der im frühen 19. Jahrhundert angelegt wurde

Seinen Namen erhielt der Hirschpark,
weil im 19. Jahrhundert ein Wildgehege angelegt wurde,
das noch heute existiert.

Damwild im Hirschpark

Es ist, als ob das Rauschen des Ozeans im Rauschen
der Bäume widerklänge; und die Verbundenheit
mit dem großen Wasser, mit Ebbe und Flut am Strand,
verleiht den Blankeneser Anlagen eine Note besonderer Art.
Paul Theodor Hoffmann

Hirschpark: vierreihige Lindenallee, uralter Bergahorn

Irgendwann wird einem klar,
dass die Elbchaussee am schönsten ist,
wo man sie nicht mehr sieht und kaum noch hört.
Und irgendwo bei Blankenese verschwindet
dann ihr Bild hinter der Sehnsucht,
die der Blick auf den Strom weckt.
Emanuel Eckardt

Die „Kanzel“ im Hirschpark: Blick auf den Mühlenberger Yachthafen und die Elbe

Hier ist es eigentlich,
wo die Hamburger großen Kaufleute ihren Reichtum,
ihren Geschmack, ihre Gastfreiheit
und ihren guten Ton am meisten zeigen.
Emilie von Berlepsch (1755–1830)

Frühlingsstimmung im Hirschpark mit Herrenhaus und Witthüs

Der Mühlenberger Yachthafen liegt mit seinen 245 Liegeplätzen für Yachten, Jollen und offene Motorboote unterhalb des Hirschparks. Das ferngesteuerte Richtfeuer für elbaufwärts fahrende Schiffe wurde im Rahmen der Elbvertiefung neu errichtet und ist mit seinen 62 Metern der vierthöchste Leuchtturm Deutschlands.

Der Mühlenberger Yachthafen mit Richtfeuer

Dann und wann klatschen Wellen ans Land, wenn große Schiffe die Elbe im Schlaf aufstören, mit leisem Rauschen, kaum hörbarem Stampfen ziehen sie vorbei, schwere Schatten auf geheimnisvoller Wanderschaft, verlässlich begleitet von roten und grünen Lichtern: Backbord. Steuerbord. Trennung und Heimkehr. Hoffnung und Liebe. Das sind die Sternbilder der Schiffe.
Sibylle Zehle

Vor dem Mühlenberger Yachthafen: Große Pötte und ein Wald von Masten

ZODIAC

CHACABUCO
UASC
CAI
Hapag-Lloyd
seaco

Nach dem Dreißigjährigen Krieg begannen sich Fischer aus Blankenese an der Mündung des Mühlenbachs anzusiedeln. Das Tal, das unterhalb des Hirschparks liegt, erhielt seinen Namen von einer am Mühlbach gelegenen Wassermühle, die nicht mehr existiert. Erst seit 1898 ist es durch einen Hohlweg mit dem Oberland verbunden.

Die Panzerstraße verbindet den Mühlenberg
mit dem Mühlenberger Weg.
Sie ist eine der gemütlichen, altmodischen Treppen
von Blankenese mit noch gut erhaltenen
reetgedeckten Fachwerkhäusern.

Tweehus, Doppelhaus mit Reetdach, ehemals typisches Fischerhaus

Das Tweehus 42/44 ist gut erhalten
und wird von seinen Bewohnern liebevoll gepflegt.
Gleich daneben führt der Weg
Am Abhang direkt in Baurs Park.

Vermutlich um 1800 wurde das zweigeschossige reetgedeckte, in bester Hanglage liegende Fachwerkhaus gebaut. Unter Erhaltung der Stilelemente wurde das Haus in den 1950er Jahren behutsam restauriert und unter Denkmalschutz gestellt.

3

So stilvoll und gleichzeitig gemütlich kann es in einem ehemaligen Fischerhaus heute aussehen, wenn die Besitzer es liebevoll und mit Detailkenntnis restauriert und eingerichtet haben.

Von 1829 bis 1836 ließ sich der Kaufmann Georg Friedrich Baur (1768 – 1865) auf seinem Anwesen ein Landhaus im spätklassizistischen Stil, später der Katharinenhof, errichten, in dem vier Jahre nach Vollendung sogar das dänische Königspaar empfangen wurde.
Vom Kanonenberg, einem künstlich errichteten Aussichtspunkt, konnte er „seine" einlaufenden Schiffe beobachten und mit Böllerschüssen begrüßen.

Baurs Park: Katharinenhof und Kanonenberg

Seit fast 200 Jahren beindruckt das elegante eiserne Geländer die Spaziergänger am Elbufer. Es wurde von dem Bildhauer Ludwig Winck für Georg Friedrich Baur entworfen und 1835 aufgestellt.

Und der Wind weht von Anbeginn: 1898 wurde der Blankeneser Segel-Club gegründet, heute schwimmt das Vereinslokal auf und ab im Rhythmus von Ebbe und Flut. Schon gleich nach der Gründung wurde hart gesegelt. Daran hat sich bis heute nichts geändert.

Blankeneser Segel-Club – unterhalb von Baurs Park

GER
3830

Sie hatten Blankenese erreicht und gingen die Strandstraße entlang. In den Cafés saßen heute nur wenige Gäste. Die kleinen Kapitänshäuser weiter oben am Hang waren mit weißer Ölfarbe dick überstrichen. Dick und weiß hockten sie im dunklen Spätsommergrün ihrer Gärten.
Alfred Andersch

Strandweg und verträumter Garten

Schon früh betrieben die königlich privilegierten Lotsen aus Övelgönne und Neumühlen das Lotsen fremder Schiffe als eigenes Gewerbe. Derzeit sorgen zirka 300 Seelotsen im Unterelbegebiet unter Führung eines auf fünf Jahre gewählten Hauptältermanns dafür, dass die Schiffe sicher in den Hamburger Hafen und zurück in die Nordsee gelangen.

Der Lotse geht an Bord ...

Obgleich ich täglich stundenlang spazieren laufe,
so entdecke ich doch immer noch neue Wege,
neue Durchbrüche, neue Schönheiten.
Richard Dehmel

Strandtreppe Ecke Osterweg und Strandhotel Blankenese

Von allen Orten an der Elbe
zeichnet sich Blankenese
durch eine sehr mannigfaltige
und originelle Architektur aus.
Alfred Lichtwark

Haus am Bremers Weg 1 und Blick vom Baurs Weg

1791

ONE

Blankeneser Bullen, damals

Hans Leip

Der Blankeneser Bullen? Nichts als ein langer guter Landeponton. Eine Stunde unterhalb Hamburgs. Von der gartengrünen Uferkrempe wie eine Harke in den Strom gelegt. (Harkt sich damit die Ausflügler zusammen, die Bauernfrauen aus dem Alten Land und wer vorzieht, gen Stade, Cuxhaven oder zum Nord-Ostsee-Kanal zu Schiff und nicht mit der Eisenbahn zu fahren. Die großen Schiffe fahren vorüber, selbst die nach Helgoland). Blankeneser Bullen. Auf dem einen Ende wohnen der Bullenvize, der Toilettenwärter und die Strompolizei, auf dem anderen Ende steht eine Taverne.

Die hundert Meter dazwischen sind kahl wie die Schanze eines Kreuzers. Nur oberhalb eines Rettungsringes hängt eine einsame Schiffsglocke, gerettet aus einer Havarie des vorigen Jahrhunderts. Brigg-Schiff *Luise von Stettin* steht zwischen Barock-Ornamenten bronzen darauf zu lesen.

Die Blankeneser Backfische und die blauen Steuermannsschüler, ihre Brüder und die Freunde ihrer Brüder und ein paar Kapitäne und Lotsen auf Ruhegehalt gehen da hin und her. Und die Leute aus der Stadt, die den Strom bewundern wollen. Die Bullenplanken liegen lang und schmal wie bei einem Schiffsdeck; sie sind auch sozusagen ein richtiges Schiffsdeck, leise wiegend, auf und ab schwingend in Flut und Ebbe. Die großen Kielfurchen pflügen daran entlang. Die Schifffahrt der Welt ist zum Greifen nah, die sonderbaren Gefäße voll Fracht und Mensch. Sie kommen ‘rein, sie gehen ‘raus (raus und rein, anders nennt man das hier nicht) von und nach Neuyork, Rio, Havanna, Kapstadt, Hongkong, Waikiki und Paradeis.

Der Ostwind riecht hier nach Hafen, nach Petroleum, Teer, Sackleinen, Rost, Kohlenschwalch, Fußholz und Gewürz. Der Westwind riecht hier nach See. Bei Westwind stehen die betagten Lotsen an den Bollwerken und schnacken weniger als sonst, und ihre verkniffenen Augen sind feucht vor Alter und Erinnerung.

Na schön! In der Bullen-Taverne, in der Ecke ‚bei Tür', da sitzen gegen Abend vor Sonntag immer ein paar deftige Leute, die noch hier und da auf Posten sind.
Nicht gerade auf Seefahrtsposten. Leider meist im Gegenteil. Aber immerhin. Die Taverne ist nämlich wie eine Schiffsmesse, niedrig, säuberlich, ganz aus schmalen hölzernen Planken gefügt, verflucht gemütlich. Die Stunden rutschen da aalglatt durch die Finger. Und ringsrum sind lauter Gnadenfenster. Über Nord sind sie prall gefüllt mit dem Garten-Gebirge Blankenese. Über Süd ist nichts als Wasser und Himmel mit einer blassblauen Biese Lüneburger Heide dazwischen, und dieses andere Ufer ist meistens nur stückweise sichtbar, es fädelt sich sozusagen unermüdlich durch den Überseeverkehr hindurch. Die Farben über Süd – man darf es ohne Überheblichkeit sagen – sind jede Viertelstunde anders, zumeist in der Skala Perlmutt, mit überraschenden Möglichkeiten zwischen tropisch und polar. Und die Wellen-Widerscheine fitzen an der meerschaumgelben Decke. Genügt, was? Und im Dunkeln die Lichter, der sterngespickte Berg gen Nord, die wandelnden Kajütsaugen über Süd, die Leuchtbänder der Promenadendecks, die angestrahlten Schlote (möchte wissen, welcher Werbeleiter welcher Reederei zuerst auf diese hübsche Nachtreklame verfallen ist) und die himmelhohen Toplichter, und die Positionslampen, smaragd und rubin, Steuerbord, Backbord, Ausreise und Heimkehr, Hoffnung und Liebe.

Grau wälzt sich der Fluss vor die Füße.
Ich hefte mein Ohr an die Zungen der kleinen Wellen,
Verführungen lispeln sie mir ein.
Eva-Maria Alves

Gerade vom Bulln abgelegt: die Fähre nach Cranz
Vorherige Doppelseite: Die *Mare Frisium* vor dem „Positano des Nordens“

ALTONA
HAMBURG D
PONTON

Da! – Ein Fauchen wie aus tausend Drachenschlünden.
Feuer schießt hoch, der ganze riesengroße Scheiterhaufen steht in Flammen,
gelber Qualm, schwarzer Rauch ballen sich in der Luft,
und in das Prasseln und Knacken mischt sich das Beifall-Klatschen
der Menschen: Feuer „Viereck“ brennt.
Auf Balkonen knallen die Korken. Dämmerung sinkt herab
und die Elbe färbt sich rosa und violett mit ein paar goldenen Streifen.
Sibylle Zehle

Seit 1842 Fähranleger: Op'n Bulln und eines der vier Osterfeuer (Viereck, Knüll, Osten und Mühlenberg) am Blankeneser Strand

Über uns der Himmel...

Wolfgang Borchert

Links liegt Hamburg. Da, wo der viele Dunst liegt. Und der kommt von dem vielen Lärm, von den Menschen und der Arbeit, die da sind, in Hamburg. Drüben liegt Finkenwerder. Aber Finkenwerder ist klein, denn es liegt da ganz drüben, und dazwischen liegt der Strom. Und drüben, das ist ziemlich weit. Rechts liegen noch ein paar Häuser und manchmal eine Straße oder ein Graben. Und dann liegt da nachher bald die Nordsee. Und da liegt viel Dunst. Von dem vielen Wasser, das da ist.
So ist das links, drüben und rechts. Hamburg und Finkenwerder und die Nordsee. Und hinten? Hinten liegen ein paar Wiesen und ein paar Wälder. In den Wiesen und den Wäldern liegen Kühe, Kuhfladen, Nebel, Nächte. Liegen Kaninchen, Sonne, Heidekraut und Pilze. Hin und wieder liegen Strohdächer dazwischen, Misthaufen, Fuchslöcher, Regenpfützen und Knickwege. Aber sonst nicht viel. Und nachher liegt da auch bald Dänemark.

Oben liegt der Himmel und da liegen die Sterne drin. Darunter liegt die Elbe. Und da liegen auch Sterne drin. Dieselben Sterne, die im Himmel liegen, liegen auch in der Elbe. Vielleicht sind wir gar nicht so weit ab vom Himmel. Wir in Blankenese. Wir in Barmbek, in Bremen, in Bristol, Boston und Brooklyn. Und wir hier in Blankenese. Aber man muss die Sterne natürlich sehen, die hier unten schwimmen, in der Elbe, im Dnjepr, in der Seine, im Hoangho und im Mississippi.
Und die Elbe? Die stinkt. Stinkt, wie eben das Abwaschwasser einer Großstadt stinkt: nach Kartoffelschale, Seife, Blumenvasenwasser, Steckrüben, Nachttöpfen, Chlor, Bier und nach Fisch und nach Rattendreck. Danach stinkt sie, die Elbe. Wie eben das Spülwasser von ein paar Millionen Menschen nur stinken kann. So stinkt sie aber auch. Und sie lässt keinen Gestank aus, der auf der Welt vorkommt.
Aber die sie lieben, die weit weg sind und sich sehnen, die sagen: Sie riecht. Nach Leben riecht sie.

Nach Heimat hier auf der verlorenen Kugel. Nach Deutschland. Ach, und sie riecht nach Hamburg und nach der ganz großen Welt. Und sie sagen: Elbe. Sie sagen das weich und wehmütig und wollüstig, wie man einen Mädchennamen sagt. So: Elbe!
Früher gab es riesige Schiffe. Dampfer, Kästen, Paläste, die einen übermütigen tränenlosen Abschied riskierten. Die abends wie gewaltige Wohnblocks, wie kühn konstruierte, schmal geschnittene phantasievolle gigantische Etagenhäuser im Strom lagen und träge und weltsatt und meermüde gegen die nächtlich erregten Kais trieben. Die gab es früher, diese zyklopischen schwimmenden Termitenberge, von Millionen Glühwürmern erleuchtet, gemütlich, großmütig und geborgen glimmend, grün und rot und hektisch weißglühend. Sie konnten mit lärmender Blechmusik eine turbulente tränenlose tolle Ankunft riskieren. Ankunft und Ausfahrt: Mutige Blechmusik. So war das damals. Gestern.
Ob sie voll Fernweh und Macht und Mut ausfuhren auf die weiten Wasser der Welt – oder ob sie voll Weltatem und Weltware und Weisheit heimkamen von den Teichen zwischen den Kontinenten: Immer lagen sie voll Mut im Elbstrom, Titanen hinter den hustenden Schleppern, schimmernd aus dem Qualm der Barkassen aufragend, Festungen, unantastbar, gebirgig, übermütig.
Immer funkelte ein Übermaß an Mut aus den tausend bulläugigen Fenstermäulern. Immer zitterte ein Überschuss an Freude aus den Messingmäulern ihrer Mußidenn-Kapellen. Immer war es eine Überfülle an Kraft, die aus den stolzen Mäulern der Schornsteine stob und schnob, stampfte und dampfte. Kraft, die weißluftig aus den karpfenmäuligen Sirenenrohren zischte. Lachende lustvolle lebendige Elbe!
So war das. Damals. Gestern.
Aber manchmal gibt es Zeiten, und sie liegen grauer als der graue Dunst Hamburgs über der uralten ewigjungen Elbe, dann sind der Mut und die Freude

und die Kraft auf See geblieben, dann sind sie an fremden, kalten, wüsten Küsten verschollen. Dann sind sie überfällig, die Freude, der Mut und die Kraft. Das sind die dunstgrauen, die nebelgrauen, die weltgrauen Zeiten, in denen es vorkommen kann, dass kleine weiße aufgeschwemmte Menschenwracks auf den graugelben schmuddeligen Sand von Blankenese oder Teufelsbrücke geworfen werden. Dann passiert es, dass vollgelaufene fischigstinkende menschfremde Tote gegen das Schilf von Finkenwerder oder Moorburg knistern und wispern. Dann geschieht es, dass an diesen grauen Tagen Liebende, Ungeliebte, Verzweifelte, Müde, Todestraurige, Selbstmordmutige, denen der Mut zum Leben ausging – Freudlose und Freundlose, Kraftlose, die nur noch einen Freund im Elbstrom hatten, die nur noch die Kraft zum Tod hatten – dass diese, das geschieht dann in den grauen Nächten, dass diese von Elbwasser Besoffenen, die sich am Elbwasser zu Tode berauschten, dumpf und drohend und dröhnend gegen die Pontons von Altona und den Landungsbrücken stoßen. Rhythmisch dumpfen sie dagegen, eintönig, gleichmäßig wie Atem. Denn der Wellengang der Elbe, der Stromatem, ist nun ihr Rhythmus – das Wasser der Elbe ist nun ihr Blut. Und dann klatschen in den grauen Nächten die kalten kalkigen Menschenleichen klagend gegen die Kaimauern von Köhlbrand und Athabaskahöft. Und ihre einzige Blechmusik sind die blechernen Möwenschreie, die geil und voll Gier über den Menschfischen schwirren. So ist das in den grauen Zeiten.
Meerhungrige Riesenkästen, ozeansüchtige Wohnblocks, winderfahrene Paläste voll Ausfahrt und Ankunft mit lärmender Blechmusik dickbäuchiger Messingkapellen – Wassersüchtige Menschenwracks, todsehnende Lebendige, wellenvertraute wellenverliebte Wasserleichen voll Abschied und Endgültigkeit mit einsamem Blechschrei schmalflügeliger Lachmöwen: Lustvolle leidvolle Elbe! Lustvolles leidvolles Leben!

Aber dann kommen die unauslöschlichen, die unaustilgbaren, die unvergesslichen Stunden, wo abends die jungen Menschen, von der Sehnsucht nach Abenteuern randvoll, auf den geheimnisvollen Holzkästen stehen, die den geheimnisvollen Namen Ponton haben, einen Namen, der schon drucksend und glucksend all ihr zauberhaftes Heben und Senken vom Atem des Stromes verrät. Immer werden wir wieder auf den sicheren schwankenden Pontons stehen und eine Freude in uns fühlen, einen Mut in uns merken und eine Kraft in uns kennen. Immer wieder werden wir auf den Pontons stehen, mit dem Mut zum Abenteuer dieses Lebens, und den Atem der Welt unter unsern Füßen fühlen. Über uns blinkt der Große Bär – unter uns blubbert der Strom. Wir stehen mittenzwischen: Im lachenden Licht, im grauen Nebel der Nacht. Und wir sind voll Hunger und Hoffnung. Wir sind voll Hunger nach Liebe und voll Hoffnung auf Leben. Und wir sind voll Hunger auf Brot und voll Hoffnung auf Begegnung. Und wir sind voll Hunger nach Ausreise und voll Hoffnung auf Ankunft.

Immer wieder werden wir in den grauen Zeiten auf den mürbeduftenden schlafschaukelnden lebenatmenden Pontons stehen mit unserem heißen Hunger und mit unserer heiligen Hoffnung.

Und wir wünschen uns in den grauen Zeiten, den Zeiten ohne die schwimmenden Paläste, voll Mut auf den kleinen Motorkahn, auf den Fischfänger, den Küstenkriecher, wünschen uns ein brennendes Gesöff ins Gedärm und eine weiche warme Wolle um die Brust und ein Abenteuer ins Herz. Wünschen uns voll Mut zur Ausfahrt, voll Mut zum Abschied, voll Mut zum Sturm und zum Meer.

Und wir wünschen uns (in diesen grauen Zeiten, wo es die großen Kästen nicht gibt) muskelmüde auf die heimkommenden kleinen Fischkutter, die mit asthmatischem Gepucker im Leib die Elbe reinkommen, um einmal so voll von Heimkehr, voll Fracht und Erfahrung sein zu können. Um einmal die Stadt des Heimwehs, die Stadt der Heimkehr im

Blut zu haben, herrlich, schmerzlich Hamburg zu schreien, zu schluchzen – einmal voll Nachhausekommen zu sein. Und wir wünschen uns zerschlagen und windmüde auf die kleinen Fischkutter, schwatzend, schrubbend, schimpfend oder schweigend – wünschen uns die Lust, die unfassbare Tränenlust, einmal Heimkehrer zu einer Hafenstadt zu sein.
Und wenn wir abends auf den wiegenden Pontons stehen – in den grauen Tagen – dann sagen wir: Elbe! Und wir meinen: Leben! Wir meinen: Ich und du. Wir sagen, brüllen, seufzen: Elbe – und meinen: Welt! Elbe, sagen wir, wir Hoffenden, Hungernden. Wir hören die metallischen Herzen der kleinen tapferen armseligen ausgelieferten treuen Kutter tuckern – aber heimlich hören wir wieder die Posaunen der Mammutkähne, der Großen, der Gewaltigen, der Giganten. Wir sehen die zitternden kleinen Kutter mit einem roten und einem grünen Auge abends im Strom – aber heimlich sehen wir wieder, wir Lebenden, Hungernden, Hoffenden, die bulläugigen lichtverschwendenden blechmusikenen Kolosse, die Riesen, die Paläste.
Wir stehen auf den abendlichen schaukelnden Pontons und fühlen das Schweigen, den Friedhof fühlen wir und den Tod – aber tief in uns hören wir wieder das Gewitter, das Gedonner und Gedröhn der Werften. Tief in uns fühlen wir das Leben – und das Schweigen über dem Strom wird wieder platzen, wie eine Lüge, von dem Lärm, von der Lust des lauten Lebens! Das fühlen wir – tief in uns abends auf den flüsternden Pontons.
Elbe, stadtstinkende kaiklatschende schilfschaukelnde sandsabbelnde möwenmützige graugrüne große gute Elbe!
Links Hamburg, rechts die Nordsee, vorn Finkenwerder und hinten bald Dänemark. Um uns Blankenese. Über uns der Himmel. Unter uns die Elbe.
Und wir: Mitten drin!

Blankenese in der Herrschaft Pinneberg
liegt malerisch schön,
teils auf dem hohen Elbufer,
teils mit pittoresken Tiefen und Tälern,
die auf eine sehr eigentümliche Art
von der Natur selbst angeordnet sind.
Bericht des Engländers James Edward Marston, 1834

Blick auf den Süllberg
Vorherige Doppelseite: das Treppenviertel, fotografiert vom Baurs Weg

Wer sich beim Weg durchs Treppenviertel hier und da verirrt,
dem passiert das Normale. Einen geraden Weg gibt es hier nicht.
Das schöne Labyrinth, in dem das Verlaufen zum Vergnügen wird,
hat einen großen Leitfaden. Die Elbe.
Dahin findet jeder auf irgendeinem Weg immer wieder zurück.
Anna Brenken

Das Fischerhaus am Süllberghang mit schönem Elbblick
ist vermutlich das älteste erhaltene Wohngebäude Hamburgs.
Das als Zweiständerhaus konstruierte Ensemble
gehört zur Gruppe der niederdeutschen Fachhallenhäuser.
Seine Entstehung wird auf kurz nach 1570 datiert.
Die umfängliche Restaurierung wurde 2023 abgeschlossen.

Fischerhaus an der Elbterrasse 6 (rechts) und ein Tweehus ganz in der Nähe

Profanes und Poetisches,
in Blankenese liegt das nah beieinander.
Sommerstille. Mittagslicht.
Und die Gärten prunken mit Stockrosen
und Riesenbegonien, mit Türkenbund,
Levkojen, Sommerrittersporn und
Hochstamm-Rosen. Elbglanz, Blumenduft und
Bienengesumm.
Sibylle Zehle

Die Straße selbst stürzt sich
mit den knisternden Häuschen ins Wasser.
Alle Treppen führen hinab,
Hecken und Gärten schleppen sie in den Wind,
der mit ihnen spielt.
Eva-Maria Alves

„Bergziege" fährt die Hauptstraße herunter und Häuser Op'n Kamp

Kein zweiter Ort Deutschlands
ist von so eigenartigem Reiz und großer Abwechslung
wie Blankenese.
A.H.F. Gast, um 1905

Hausfassade mit Schoner-Relief an der Blankeneser Hauptstraße

Treppauf, treppab die Winkelgänge,
Schlafpuppengärten, Netzgehänge …
Hans Leip

Krögers Treppe und Impression an der Blankeneser Hauptstraße

Schiffe sind wie menschliche Wesen.
Sie werden niemals langweilig,
stundenlang kann man sie beobachten –
wie Passanten auf der Straße.
Jedes Schiff erzählt seine eigene Geschichte,
hat ein eigenes Geräusch.
Sibylle Zehle

Und ich dachte, das ist meine Welt
Von diesem Planeten lasse ich mich nicht vertreiben.
Hier geht mir die Sonne noch unter und auf.
Dorothee Sölle

Süllbergsterrasse: steiler Aufstieg und traumhafter Blick

Nach Leben riecht sie.
Nach Heimat hier auf der verlorenen Kugel.
Nach Deutschland.
Ach, und sie riecht nach Hamburg
und nach der ganz großen Welt.
Und sie sagen: Elbe.
Sie sagen das weich und wehmütig und wollüstig,
wie man einen Mädchennamen sagt.
So: Elbe!
Wolfgang Borchert

HMM

In den kuscheligen Häusern und Zwischenräumen der Doppelfenster wird gezeigt, was zum schimmernden Strom mit dem weißen Blitzen der Segel und dem schönen grünen Gehügel passt: Bilder und Schiffe aus der großen Zeit der Blankeneser Schifffahrt – wie hier bei „Zeitlos Antiquitäten“. Um 1670 verfügt Blankenese über 45 Ewer während Hamburg nur 30 und Altona 18 Schiffe gehören. 1740 segeln bereits 70 Ewer unter Blankeneser Flagge und 1806 sind es 170. 1853 zählt die Blankeneser Flotte rund 1500 Mann Besatzung. Fast jede männliche Person des Ortes ist Seemann oder Fischer. 1880 setzt sich die Dampfschifffahrt immer mehr durch. Fortan werden alle Schiffe in Hamburg registriert.

HF.408.

Die Villa an der später nach dem Dichter benannten Straße erhielt Richard Dehmel (1863 – 1920) als Geschenk von Freunden zum 50. Geburtstag.
An seiner Seite lebte Ida Dehmel, die ihren Mann in allem unterstützte, was er tat. 1926 gründete sie den bis heute existierenden Künstlerinnenverband GEDOK (Gemeinschaft deutscher und österreichischer Künstlerinnen und Kunstfreundinnen). Nach dem Tod Richard Dehmels 1920 bewahrte sie das gemeinsame Erbe, doch als Jüdin wurden ihr ab 1933 nach und nach alle Möglichkeiten zu kunstfördernder Tätigkeit genommen. 1942 nahm sie sich das Leben.

Dehmelhaus und Ida Dehmels Schreibtisch
Vorherige Doppelseite: auf den Zinnen – Blick vom Süllbergturm

Goßlers Park wurde 1790 vom Engländer John Blacker erworben, der dort 1794 von dem dänischen Landbaumeister Christian Frederik Hansen ein Landhaus errichten ließ, das heutige Goßlerhaus. Der Baumeister schrieb an seinen Schwager: „Ich baue zur Zeit einen Tempel, der auf einem wahrhaftigen Parnaß stehen soll, von dem aus man einen Teil der Herrlichkeiten dieser Welt übersieht.“ 1897 erwarb der Kaufmann John Henry Goßler das Haus und stockte es um eine Etage auf. 1901 brannte das Gebäude ab, aber das gesamte Inventar konnte gerettet werden. Goßler ließ das Anwesen, diesmal aus Stein, nach dem alten Grundriss wiederaufbauen und die ursprüngliche „Dekoration“ wiederherstellen.
1924 erwarb die Gemeinde Blankenese den gesamten Grundbesitz.

Das Goßlerhaus mit gleichnamigem Park

Im Jahr 1995 wurde der Förderverein Goßlerhaus gegründet, eine Initiative Blankeneser Bürger zur Pflege und Rettung des Anwesens. Durch das Engagement des Vereins konnte der kunsthistorisch bedeutende Gartensaal mit seinen Decken- und Wandstuckaturen und Reliefs aufwändig restauriert werden. Im Treppenaufgang stehen die Marmorstatuen der Königstochter Psyche und der Titanin Mnemosyne (Bild rechts), Mutter der neun Musen.
Im Jahr 2006 erwarb ein Blankeneser Mäzen das Gebäude von der Stadt Hamburg, renovierte und sanierte es. 2008 wurde gemeinsam mit Lamme Janssen, Tochter des Künstlers, die Horst-Janssen-Bibliothek eingerichtet. Seit Juli 2017 ist das Hamburger Konservatorium Mieter des Goßlerhauses.

Goßlerhaus, Gartensaal und Marmorstatue „Mnemosyne", Mutter der neun Musen und Göttin der Erinnerung

Die liebevoll restaurierten Bauhausvillen stehen am Rande von Goßlers Park.
Sie sind seltene Beispiele der Architektur der Moderne in Blankenese.
Entworfen wurden die beiden Häuser 1929/1930 nach Plänen
des Architekturbüros Bensel & Kamps, die mit ihrem Büro und dem
Architekten Karl Schneider zu den führenden Vertretern
beim Durchbruch des Neuen Bauens in Deutschland gehörten.

Bauhausvillen in Goßlers Park
Nächste Doppelseite: Blick von der Straße Am Kiekeberg auf den Süllberg und hinüber ins Alte Land

Das Herz des Ortes schlägt „oben im Dorf“: der Markt!
Der Isemarkt in Hamburg-Eppendorf ist viel länger,
der Fischmarkt auf St. Pauli viel älter und der Viktualienmarkt
in München sowieso unerreicht. Der Markt in Blankenese
aber hat einen großen Vorteil: Es gibt einfach keinen,
auf den ich lieber ginge, wie soll man so was begründen,
er ist mir einfach der liebste auf der Welt.
Sibylle Zehle

Der neu gestaltete Marktplatz mit Kirche

fritz-kola
fritz-kola

Das bedeutendste Ausstattungsstück der 1895/96 errichteten neugotischen Backsteinkirche im Zentrum von Blankenese ist der bronzene Taufkessel aus dem 13. Jahrhundert, der ursprünglich in der Nienstedtener Kirche stand. Die Inschrift SIT FONS VIVUS AQUA REGENERANS UNDA PURIFICANS (Es sei lebendiger Quell, Wasser der Wiedergeburt, reinigende Welle) ist spiegelverkehrt. Mit diesen Worten wurde in der Osternacht das Taufwasser gesegnet, das früher ein ganzes Jahr lang im Taufkessel verblieb.
Die Fenster hat Siegfried Assmann gestaltet und bei der Auswahl der Motive auf eine Verbindung zum Ort mit Bezügen zu Wasser und Fischerei geachtet. Die Schiffsmodelle in der Blankeneser Kirche sollen an die sehr lange Seefahrertradition erinnern.

Blankeneser Kirche, innen

Gen West im Perlmutt des Lichts
Mimt die Kimm Ozean,
und es gleiten die Schiffe,
begehrlich geladen,
wie Spielmarken über den windigen Tisch.
Hans Leip

Grandiose Aussicht vom Bismarckstein

Kuckt man vom Berg herunter, sieht man die Kolosse
im Hafendunst von Hamburg verschwinden.
Aber unten am Strand ist man ihnen nah.
Fast bedrohlich steigen da ihre Seiten in die Höhe
und wecken alle *Titanic*-Bilder im Kopf.
Sibylle Zehle

Blick vom Höhenwanderweg

Schönes, grünes Gehügel! Anderswo
wär es gewiss ein Nichts.
Jedoch in der elbischen Tiefebenheit
ragt es mächtig und malerisch.
Hans Leip

Höhenwanderweg und Sechslingstreppe
Nächste Doppelseite: Strandleben an der Elbe

Besonders bei Ebbe kann man die bizarr aus dem Wasser ragenden Wracks gut erkennen. Das älteste Schiffswrack am Falkensteiner Ufer ist der finnische Schoner und spätere Motorsegler *Polstjernan*. Das Schiff geriet am 20. Oktober 1926 auf dem Weg nach England im heutigen Nord-Ostsee-Kanal in Brand, wurde von Schleppern ans Falkensteiner Ufer gebracht, wo die Überreste heute noch zwischen den Buhnen zu sehen sind. Das Binnenschiff *Uwe* kenterte bei dichtem Nebel am 19. Dezember 1975 nach einer Kollision: Zwei Besatzungsmitglieder kamen ums Leben.

Eingekreist von Kanuten: Schiffswrack vor dem Falkensteiner Ufer

Theatron nannten die alten Griechen „den Platz, von dem man sieht“.
Die Römische Terrasse als grüne Privatloge und das Naturtheater:
In beiden können die Zuschauer von ihren Plätzen, stehend oder sitzend,
als Logenplatz, im Parkett oder auf sichtbehinderten Plätzen zu
jeder Jahreszeit das Schauspiel des lebendigen breiten Elbstroms mit
seinen Landinseln und den Schiffen erleben. Kommen, Verweilen, Gehen,
Auftritt, Rollenspiel, Abgang.
Oliver Breitfeld

Das von dem berühmten englischen Ingenieur William Lindley nach dem Großen Brand von 1842 entworfene und 1854 mit Pumpstation und Arbeiterhäuschen in Betrieb gegangene Wasserwerk in Blankenese ist heute eine „Wohnanlage“ mit garantiertem Elbblick und Überflutungsgefahr.

Das ehemalige Landhaus Michaelsen, erbaut 1923, ist eines der wichtigsten erhaltenen Gebäude des Architekten Karl Schneider (1892 – 1945) und steht seit 1986 unter Denkmalschutz. Elke Dröscher betreibt darin neben einer Galerie für zeitgenössische Kunst auch ein Puppenmuseum.

Villa im Sven Simon Park

Vor Blankenese bauscht sich der Strom.
Aus der von Kaimauern und Steinböschungen
eingeschnürten Fahrwasserenge entweicht
er mit zweikilometerbreitem Sprung
in die Weite der Sände und Watten,
auf denen sich im Gezeitenwechsel noch
heute urweltlicher Boden täglich neu bildet.
Bernhard Meyer-Marwitz

Falkensteiner Ufer mit Leuchtturm und Anleger Wittenberge
Nächste Doppelseite: In der Strommitte die 7, 5 Kilometer langen miteinander verbundenen Binneninseln Schweinesand, Neßsand und Hanskalbsand

Michael Zapf
fotografiert seit 40 Jahre seine Heimatstadt Hamburg. Der freischaffende Fotojournalist arbeitet seit dem für Verlage, für Presseabteilungen Hamburger Unternehmen, Institutionen und Stiftungen. Zapf realisierte sehr viele Buchprojekte meist zu Hamburger Themen.
Im Ellert & Richter Verlag erschienen u. a. „Das Hamburger Rathaus“ , „Hamburg fließt ... Alle Flüsse, Quellen und munteren Bäche“, „Die Bille. Was sonst?“ ,„Die Bille – Hamburgs unbekannte Schöne“ sowie „Magische Orte, versunkene Welten. Burgen und Schlösser in und um Hamburg“.

Bibliografische Information der Deutschen Nationalbibliothek
Die Deutsche Nationalbibliothek verzeichnet diese Publikation in der Deutschen Nationalbibliografie; detaillierte bibliografische Daten sind im Internet über http://dnb.d-nb.de abrufbar.

ISBN 978-3-8319-0853-0

Der Verlag dankt allen Privatpersonen und Institutionen, die dem Fotografen den Zugang zu ihren Räumlichkeiten ermöglicht haben.

Texte:
Hans Leip, Ein Kleingebirg aus bunten Muscheln,
aus: Die Hafenorgel. Gedichte und Zeichnungen, dtv 1981.
Hans Leip, Blankeneser Bullen, damals,
aus: Geliebter Strom. Ein Buch über die Niederelbe,
hrsg. von Bernhard Meyer-Marwitz, Hamburg 1949
Der Verlag dankt den Hans Leip Erben c/o Clemens Keller dafür, dass sie uns freundlicherweise die Rechte zur Veröffentlichung der in diesem Buch abgedruckten Texte überlassen haben.
Der Text von Wolfgang Borchert, aus: Das Gesamtwerk,
7. Aufl., Reinbek 2005

Die Texte und Zitate für die Bildlegenden wurden aus der umfangreichen Blankenese-Literatur zusammengestellt. Der Verlag dankt insbesondere seinen Autorinnen und Autoren Oliver Breitfeld, Anna Brenken, Emanuel Eckardt und Sibylle Zehle.

Fotografie: Michael Zapf, Hamburg
Gestaltung: BrücknerAping Büro für Gestaltung, Bremen
Gesamtherstellung: ADVerts, Riga, Lettland

Titelfoto: Das Treppenviertel von Blankenese von der Straße Am Kiekeberg nach Südwesten fotografiert